BEI GRIN MACHT SICH IHR WISSEN BEZAHLT

- Wir veröffentlichen Ihre Hausarbeit,
  Bachelor- und Masterarbeit

- Ihr eigenes eBook und Buch -
  weltweit in allen wichtigen Shops

- Verdienen Sie an jedem Verkauf

Jetzt bei www.GRIN.com hochladen
und kostenlos publizieren

Bibliografische Information der Deutschen Nationalbibliothek:

Die Deutsche Bibliothek verzeichnet diese Publikation in der Deutschen National-
bibliografie; detaillierte bibliografische Daten sind im Internet über http://dnb.d-
nb.de/ abrufbar.

Impressum:

Copyright © 2019 GRIN Verlag
Druck und Bindung: Books on Demand GmbH, Norderstedt Germany
ISBN: 9783668984547

Dieses Buch bei GRIN:

https://www.grin.com/document/494364

Ole Vick

Effekte des Dehnens auf die Bewegungsreichweite

Trainingsplan für Beweglichkeits- und Koordinationstraining inkl. Literaturrecherche

GRIN Verlag

GRIN - Your knowledge has value

Der GRIN Verlag publiziert seit 1998 wissenschaftliche Arbeiten von Studenten, Hochschullehrern und anderen Akademikern als eBook und gedrucktes Buch. Die Verlagswebsite www.grin.com ist die ideale Plattform zur Veröffentlichung von Hausarbeiten, Abschlussarbeiten, wissenschaftlichen Aufsätzen, Dissertationen und Fachbüchern.

Besuchen Sie uns im Internet:

http://www.grin.com/

http://www.facebook.com/grincom

http://www.twitter.com/grin_com

Deutsche Hochschule für

Prävention und Gesundheitsmanagement

Hermann Neuberger Sportschule 3

66123 Saarbrücken

Einsendeaufgabe

Fachmodul: Trainingslehre 3

Studiengang: Fitnessökonomie

Studienort: **Hamburg**

Semester: **SS17**

Inhaltsverzeichnis

1 Personendaten

In Tabelle 1 werden die Persönlichen Daten zur vorliegenden Person, sowie die Trainingshistorie und Motive dargestellt. Abschließend erfolgt eine Bewertung zum Gesundheitszustand.

Tabelle 1: Persönliche Daten (Eigene Darstellung)

Alter	58 Jahre
Geschlecht	Männlich
Körpergröße	187 cm
Körpergewicht	85 kg
Berufliche Tätigkeit	Kaufmännischer Angestellter - hoher Anteil sitzender Tätigkeit am Computer.
Trainingsmotive	Ausgleich zur beruflichen Tätigkeit und Prävention orthopädischer Fehlbelastungen. Merkt bereits Haltungsfehler bei sich selbst.
Aktuelle und frühere sportliche Aktivitäten	Je 1x wöchentliches Gesundheitsorientiertes Krafttraining im Fitnessstudio an Geräten, sowie Cardiotraining auf dem Crosstrainer für eine Stunde. Keine Erfahrung mit Beweglichkeitstraining im Sinne von Dehntraining oder rein Koordinativen Trainingsprogrammen.
Zeitlicher Verfügungsrahmen	30-45 Minuten täglich.
Gesundheitliche Einschränkungen oder Medikamenteneinnahme	Es liegen keine orthopädischen oder internistischen Diagnosen vor, Medikamente werden nicht eingenommen.
Abschließende Bewertung des Gesundheitszustandes	Die vorliegende Person ist gesundheitlich nicht eingeschränkt, ist also als voll trainierbar zu bewerten.

3 Beweglichkeitstestung

Zur Bewertung des Trainingszustanden bezüglich der Beweglichkeit des Kunden wird ein Beweglichkeitstest durchgeführt. Als Testverfahren wurde die vereinfachte manuelle Muskelfunktionsüberprüfung nach Janda (2000) gewählt. Die folgende Tabelle 2 beschreibt das Vorgehen beim Beweglichkeitstest.

Tabelle 2: Beweglichkeitstestung (Eigene Darstellung)

Zu testende Muskulatur	- M. pectoralis major - M. iliopsoas - M. rectus femoris - Mm. Ischiocrurales - Mm. Triceps surae
Allgemeines	Alle Testungen werden beidseitig durchgeführt.
Testübung M. pectoralis major	**Ausgangslage:** Die Testung der Brustmuskulatur wird in Rückenlage auf einer Liege o.Ä. durchgeführt. Die Beine sind angewinkelt und die Füße sind aufgestellt. Der Testarm wird im Schultergelenk abduziert, der Ellenbogen wird zu 90° gebeugt und der Arm beschreibt eine Aussenrotation. Eine Hyperlordose oder ein sich hebendes Becken sind zu vermeiden. Der Tester fixiert den Thorax. **Messung:** Gemessen wird die Oberarmposition zur Horizontalen. **Bewertung:** - **Stufe 0:** Keine Beweglichkeitsdefizite (Oberarm erreicht Horizontale, mithilfe des Testers unter die Horizontale). - **Stufe 1:** Leichte Beweglichkeitsdefizite (Oberarm erreicht Horizontale nur durch Druck vom Tester). - **Stufe 2:** Deutliche Beweglichkeitsdefizite (Auch durch Druck vom Tester wird die Horizontale nicht erreicht). **Ergebnis:** Der Kunde erreicht Stufe 1.
Testübung M. iliopsoas	**Ausgangslage:** Die Testung des M. iliopsoas wird in Rückenlage auf einer Liege o.Ä. durchgeführt. Das Gesäß liegt am Ende der Liege, die Beine hängen in der Luft. Ein Bein wird vom Kunden angewinkelt maximal an den Körper herangezogen, das andere Bein bleibt im Überhang. Eine Hyperlordose oder ein sich hebendes Becken sind zu vermeiden. **Messung:** Gemessen wird die Oberschenkelposition im Verhältnis zur Körperlängsachse.

	Bewertung:
	- **Stufe 0:** Keine Beweglichkeitsdefizite (Oberschenkel erreicht Horizontale, mit Druck vom Tester auch unterhalb der Horizontale)
	- **Stufe 1:** Leichte Beweglichkeitsdefizite (Horizontale wird nur durch Druck vom Tester erreicht)
	- **Stufe 2:** Deutliche Beweglichkeitsdefizite (Auch mit Druck vom Tester wird keine Horizontale erreicht)
	Ergebnis: Der Kunde erreicht Stufe 1.
Testübung M. rectus femoris	**Ausgangslage:** Die Testung des M. rectus femoris wird in Rückenlage auf einer Liege o.Ä. durchgeführt. Das Gesäß liegt am Ende der Liege, die Beine hängen in der Luft. Ein Bein wird vom Kunden angewinkelt maximal an den Körper herangezogen, das andere Bein wird in maximaler Hüftextension vom Tester fixiert. Das vom Tester fixierte Bein wird nun in den maximalen Kniebeugewinkel geführt. Eine Hyperlordose oder ein sich hebendes Becken sind zu vermeiden.
	Messung: Gemessen wird der Winkel von Unter- zu Oberschenkel.
	Bewertung:
	- **Stufe 0:** Keine Beweglichkeitsdefizite (Unterschenkel hängt senkrecht, der Tester kann die Beugung vergrößern).
	- **Stufe 1:** Leichte Beweglichkeitsdefizite (Unterschenkel leicht gebeugt, durch Druck vom Tester werden 90° erreicht).
	- **Stufe 2:** Deutliche Beweglichkeitsdefizite (Auch mit Druck vom Tester werden keine 90° Kniebeugewinkel erreicht).
	Ergebnis: Der Kunde erreicht Stufe 2.
Testübung Mm. Ischiocrurales	**Ausgangslage:** Die Testung des Mm. Ischiocrurales wird in Rückenlage durchgeführt. Das nicht getestete Bein ist aufgestellt, der Fuß liegt auf dem Boden. Der Tester führt das Testbein bei gestrecktem Kniegelenk in eine Hüftflexion. Eine Hyperlordose oder ein sich anhebendes Becken sind zu vermeiden. Die Patella sollte vom Tester bei der Fixierung unberührt bleiben.
	Messung: Gemessen wird der Winkel von Beinachse zu Longitudinalachse.
	Bewertung:
	- **Stufe 0:** keine Beweglichkeitsdefizite (Hüftgelenkflexion von 90° möglich)
	- **Stufe 1:** Leichte Beweglichkeitsdefizite (Hüftgelenkflexion von 80-90° möglich)
	- **Stufe 2:** Deutliche Beweglichkeitsdefizite (Hüftgelenkflexion zu weniger als 80° möglich)
	Ergebnis: Der Kunde erreicht Stufe 2.
Testübung. Mm triceps surae	**Ausgangslage:** Die Testung des Mm triceps surae wird in Rückenlage auf einer Liege o.Ä. durchgeführt. Das nicht getestete Bein ist angewinkelt und aufgestellt. Das Testbein wird gestreckt. Der Unterschenkel des Testbeines hängt über das Ende der Liege. Der Tester hält den Fuß an Fersenbein und Fußaußenkante. Der Tester zieht den Fuß an der Ferse nach distal und führt gleichzeitig den Vorfuß in eine Dorsalextension. Wichtig ist der zeitgleiche Zug und Druck, eine bloße Dorsalextension ist

	nicht ausreichend.
	Messung: Gemessen wird der Winkel der Dorsalextension.
	Bewertung:
	- **Stufe 0:** Keine Beweglichkeitsdefizite (Dorsalextension bis 0°-Stellung möglich)
	- **Stufe 1:** Leichte Beweglichkeitsdefizite (Dorsalextension ist möglich, 0°-Stellung ist nicht erreichbar.
	- **Stufe 2:** Deutliche Beweglichkeitsdefizite (Dorsalextension nur möglich bis maximal 10° zur 0°-Stellung)
	Ergebnis: Der Kunde erreicht Stufe 1.
Bewertung der Testergebnisse	Der Kunde weist bei allen Testmessungen Beweglichkeitsdefizite auf. Aufgrund der fehlenden Trainingshistorie und dem Testergebnis ist der Kunde als Anfänger einzustufen und zu trainieren.
Interpretation der Testergebnisse	Die Berufliche Tätigkeit des Kunden mit hohem sitzendem Anteil und damit verbundenen Bewegungsmangel ist als Ursache für die negativen Testergebnisse zu sehen. Der Kunde trainiert in seinem bisherigen Trainingsplan nicht ausreichend ausgleichend zur beruflichen Tätigkeit und erfährt dadurch erste Bewegungsdefizite.

5   Trainingsplanung Beweglichkeitstraining

In folgender Tabelle 3 wird die Planung für ein Beweglichkeitstraining für den Kunden dargestellt. Am Ende wird der Trainingsplan begründet.

Tabelle 3: Trainingsplanung Beweglichkeitstraining (Eigene Darstellung)

Übungsname	Übungsdurchführung	Dehnmethodik
Dehnung Wadenmuskulatur – speziell M. gastrocnemius und M. soleus	**Ausgangslage:** Die Dehnung der Wadenmuskulatur wird im Stand durchgeführt. Es wird eine Ausfallschritt-Position eingenommen. Das hintere Bein ist komplett gestreckt, der Fuß steht auf dem Boden. Das vordere Bein ist im Kniegelenk in einer Flexion und der Oberkörper beugt sich vor. Die Füße zeigen in eine identische Richtung. **Ausführung:** Mithilfe der Schwerkraft wird der Körperschwerpunkt nach vorne verlagert, die Dorsalextension im hinteren Bein wird vergrößert und die Position gehalten. Zum Verlassen der Dehnposition wird der Körperschwerpunkt nach hinten verlagert.	Passiv, statisch
Dehnung der rückseitigen Oberschenkelmuskulatur – speziell M. biceps femoris, M. semimembranosus und M. semitendinosus	**Ausführung:** Die Dehnung der rückseitigen Oberschenkelmuskulatur wird in Rücklage auf dem Boden durchgeführt. Ein Bein wird angewinkelt und auf den Boden aufgestellt. Ein Bein wird mit gestrecktem Kniegelenk soweit möglich nach oben gestreckt, bis ein deutlicher Dehnschmerz spürbar ist. Zur Unterstützung wird mit den Händen Oberschenkel rückseitig angefasst und die Bewegung intensiviert. Im nächsten Schritt drückt das Bein 6-10 Sekunden gegen die Hände Richtung Boden. Das Kniegelenk bleibt gestreckt. Die Spannung wird gelöst, das Bein bleibt gestreckt für 2-3 Sekunden in seiner Position. Im Anschluss wird die Dehnposition wieder eingenommen und 10-20 Sekunden gehalten. Dieser Vorgang findet 3-mal nacheinander statt.	postisometrisch
Dehnung vorderseitige Oberschenkelmuskulatur – speziell M. quadriceps femoris	**Ausgangslage:** Die Dehnung der vorderseitigen Oberschenkelmuskulatur wird im Stand durchgeführt. Ein Bein wird oberhalb des Sprunggelenks	Aktiv und passiv, statisch

	mit einer Hand umfasst, sodass die Ferse am Gesäß abschließt. Die Oberschenkel verlaufen parallel. **Ausführung:** Durch Anspannung des M. glutaeus maximus wird das Becken nach vorne gekippt und in der Dehnposition gehalten. Die Ferse wird maximal an das Gesäß herangezogen während das Standbein in leichter Beugung bleibt. Beim Verlassen der Dehnposition wird der Druck am gebeugten Bein aufgelöst und kehrt zurück in die Ausgangsposition.	
Dehnung der Hüftbeugemuskulatur – speziell M. iliopsoas und M. rectus femoris	**Ausgangslage:** Die Dehnung der Hüftbeugemuskulatur wird im Kniestand durchgeführt. Ein Bein ist vor dem Körper mit einer Knieflexion aufgestellt, sodass, das Knie hinter der Fußspitze ist. Das Andere Bein liegt mit dem Unterschenkel auf dem Boden auf. Der Oberkörper ist aufgerichtet und wird über die Hände auf dem vorderen Bein abgestützt, der Blick geht nach vorne. **Ausführung:** Durch Verlagerung des Körperschwerpunktes mithilfe der Schwerkraft nach vorne, sowie unten und absenken des Beckens wird die Dehnposition eingenommen und gehalten. Beim Verlassen wird der Körperschwerpunkt wieder nach oben geführt und das Becken aufgerichtet.	Passiv, statisch
Dehnung der seitlichen Rumpfmuskulatur – speziell M. latissimus dorsi, M. obliquus externus abdominis und M. obliquus internus abdominis	**Ausgangslage:** Die Dehnung der seitlichen Rumpfmuskulatur wird im Stand durchgeführt. Die Arme sind oberhalb des Kopfs ausgestreckt und verschränkt. Der Oberkörper ist gerade, der Blick geht nach vorne. **Ausführung:** Der Oberkörper wird leicht zur Seite geneigt, das Becken bleibt unbewegt. Der Arm, welcher der Neigungsrichtung gegenüber liegt, übt einen Zug nach oben aus. Die Dehnposition wird mittels der Schwerkraft eingenommen und gehalten. Beim verlassen wird der Oberkörper wieder aufgerichtet.	Passiv, statisch
Dehnung der Gesäßmuskulatur – speziell M. glutaeus maximus, M. glutaeus medius und M. glutaeus minimus	**Ausgangsposition:** Die Dehnung der Gesäßmuskulatur wird in Rücklage auf dem Boden oder einer Liege durchgeführt. Ein Bein ist angewinkelt und auf dem Boden aufgestellt. Das andere Bein	Passiv, statisch

	beschreibt eine Aussenrotation und liegt auf Höhe des Schienbeins auf dem M. quadriceps femoris des angewinkelten Beines. **Ausführung:** Das aufgestellte Bein wird beidhändig Oberschenkelrückseitig umfasst und maximal an den Körper gezogen und dort gehalten. Beim Verlassen der Dehnposition wird der Zug zum Körper aufgelöst und das Bein aufgestellt.	
Dehnung der Brustmuskulatur – speziell M. pectoralis major	**Ausgangslage:** Die Dehnung der Brustmuskulatur wird im Stand durchgeführt. Der Oberkörper ist aufgerichtet, der Blick geht nach vorne. Die Arme sind beidseitig vom Körper abduziert, sowie Außen rotiert und beschreiben eine Retroversion. Die Hände machen eine Supination. **Ausführung:** Durch Anspannung des M. latissimus dorsi werden die Arme nach hinten gezogen. Kurzzeitiges Entspannen und anschließendes Anspannen des großen Rückenmuskels sorgen für eine dynamische Durchführung. Durch Entspannen der Rückenmuskulatur wird die Dehnposition verlassen.	Aktiv, dynamisch
Dehnung der hinteren Schultermuskulatur - speziell M. deltoideus pars spinata, M trapezius pars transversa und Mm. rhomboidei	**Ausgangslage:** Die Dehnung der hinteren Schultermuskulatur wird im Stand durchgeführt. Ein Arm ist angewinkelt vor dem Körper, die Hand liegt auf der Schulter. Mit der anderen Hand wird der Arm auf Schulterhöhe fixiert. **Ausführung:** Die fixierende Hand drückt auf den Ellenbogen und schiebt den Arm in Richtung Körper in die Dehnposition, welche gehalten wird. Beim verlassen wird der Druck vom Arm weggenommen.	Passiv, statisch
Dehnung der Schulterblattfixatoren – speziell M. trapezius und Mm. rhomboidei	**Ausgangslage:** Die Dehnung der Schulterblattfixatoren wird im Stand durchgeführt. Die Hände sind miteinander verschränkt. Die Arme werden bis auf Höhe der Schultern vorgestreckt. **Ausführung:** Die Schulterblätter werden von der Wirbelsäule aktiv weggezogen, der Kopf neigt sich Richtung Boden und die Dehnposition wird gehalten. Beim Verlassen schieben die Schulterblätter zur Wirbelsäule und der Blick richtet sich	passiv, statisch

	auf.	
Dehnung des M. trapezius pars descendens	**Ausgangslage:** Die Dehnung des M. trapezius pars desendens wird im Stand durchgeführt. Der Blick ist nach vorne gerichtet und der Kopf wird Richtung Schulter zur Seite geneigt. **Ausführung:** Die Schulter, welche der Kopfneigung entgegen liegt wird aktiv mithilfe der Schwerkraft nach unten gezogen und der Dehnposition gehalten. Beim verlassen wird der Zug zum Boden aufgelöst und der Kopf kommt in neutrale Position.	Passiv, statisch
Belastungsgefüge	• Häufigkeit: Täglich, als eigenständiges Training • Wiederholungen (dynamische Übungen): 10 Wiederholungen. • Dauer (statische Übungen): Bis 45 Sekunden. • Sätze: 3 Sätze. • Dehnintensität: maximales Dehnen Eine Ausnahme bildet die Postisometrische Dehnung, das Belastungsgefüge wird in der Übung separat erläutert.	
Begründung	Die Auswahl der Übungen verfolgt die Absicht alle wichtigen Gelenksysteme im Beweglichkeitstraining unterzubringen, da der Kunde in allen Bereichen Defizite aufweist. Durch die Bürotätigkeit des Kunden kommt es im Alltag zur Situation, dass der Kopf nach vorne geneigt wird, die Arme vorgestreckt sind und ein Rundrücken entsteht. Um speziell dieser Alltagsbelastung entgegenzuwirken wurden bewusst Übungen für die Trapezmuskeln, sowie die Rauten Muskeln gewählt. Da der Kunde als Anfänger eingestuft ist, wurde primär statische Übungsausführung veranschlagt. Statische Dehnung ist leichter durchführbar und das Verletzungsrisiko wird minimiert. Um eine gezielte Verbesserung der Beweglichkeit zu erzielen, wird eine Dehndauer bis zu 45 Sekunden empfohlen, da längere Dehnung keinen Mehrnutzen bringt (Schönthaler & Ohlendorf, 2002). Wie Glück (2005) herausfand, entsteht nach 10 maximalen Dehnwiederholungen kein Mehrnutzen bei der Beweglichkeitssteigerung, entsprechend werden maximal 10 Wiederholungen bei dynamischen Übungen veranschlagt. Durch maximale Dehnung kann im Vergleich zum weichen Dehnen die Beweglichkeit erheblich weiter vergrößert werden (Marschall, 1999), weshalb maximale Dehnung vorgegeben wird. Durch das tägliche Training soll Alltagsbelastungen bewusst entgegengewirkt werden, sowie eine Integration in den Alltag stattfinden, sodass dies zur Routine wird.	

6 Trainingsplanung Koordinationstraining

Die folgende Tabelle 4 beschreibt eine Trainingsplanung für ein Koordinationstraining für den Kunden. Am Ende wird der Trainingsplan begründet.

Tabelle 4: Trainingsplanung Koordinationstraining (Eigene Darstellung)

Übungsname	Übungsdurchführung
Anmerkungen:	Der kurze Fuß nach Janda wurde durchgeführt und ist Grundlage für alle aufgeführten Übungen. Alle Übungen werden Barfuß durchgeführt. Alle Übungen werden beidseitig durchgeführt. Ein deutliches Verlassen der eingenommenen Position führt zum Abbruch der Übung.
Linienstand	Der Linienstand wird im Stehen durchgeführt. Die Füße stehen Fußspitze an Ferse und zeigen in dieselbe Richtung. Die Arme werden auf Schulterhöhe vor den Körper abgespreizt. Der Oberkörper ist aufgerichtet und der Blick geht nach vorne. Das Becken steht in neutraler Position, beide Beine sind im Kniegelenk gestreckt. Diese Position wird gehalten.
Einbeinstand	Der Einbeinstand wird im Stehen durchgeführt. Die Arme werden gestreckt vor den Körper abgespreizt. Der Oberkörper ist gerade und der Blick geradeaus. Ein Bein wird mit angewinkeltem Kniegelenk angehoben, sodass das gesamte Körpergewicht auf einem Fuß liegt. Ein abkippen des Beckens wird vermieden. Der Fuß steht sicher auf dem Untergrund und das Kniegelenk beschreibt eine leichte Flexion. Diese Position wird gehalten.
Einbeinstand schwingend	Der Einbeinstand schwingend wird im Stehen durchgeführt. Die Arme werden gestreckt vor den Körper abgespreizt. Der Oberkörper ist gerade und der Blick geradeaus. Ein Bein wird angehoben, sodass das gesamte Körpergewicht auf einem Fuß liegt. Der gehobene Fuß wird mit einem gebeugten Knie frontal vor den Körper gehoben, schwingt dann bei gleicher Kniegelenksstellung hinter den Körper und wieder vor. Dies wird konstant wiederholt.
Einbeinstand Achten kreisen.	Der Einbeinstand wird wie zuvor beschrieben eingenommen. Neben dem Kunden sind zwei Kegel mit einem Abstand von ca. 30cm aufgestellt. Der gehobene Fuß wird in Form einer Acht durch die Kegel geführt, ohne diese zu berühren. Das gehobene Bein ist im Kniegelenk leicht gebeugt und hält die Position durchgängig. Die Bewegungsrichtung wird nach jedem durchlauf wiederholt. Die Übung wird konstant wiederholt.
Linienstand Augen geschlossen	Der Linienstand wird wie zuvor beschrieben eingenommen. Die Augen sind geschlossen oder Blickdicht abgedeckt. Die Position wird gehalten.

Einbeinstand Augen geschlossen	Der Einbeinstand wird wie zuvor beschrieben eingenommen. Die Augen sind geschlossen oder werden Blickdicht abgedeckt. Die Position wird gehalten.
Einbeinstand schwingen Augen geschlossen	Der Einbeinstand wird wie zuvor beschrieben eingenommen. Die Augen sind geschlossen oder werden blickdicht abgedeckt. Ein Bein wird angehoben und mit gebeugtem Kniegelenk vor den Körper geführt. Das Bein wird in gleichbleibender Kniebeugung hinter den Körper geführt und wieder nach vorne. Dies wird konstant wiederholt.
Einbeinstand 8ten kreise um Kegel Augen geschlossen	Der Einbeinstand wird wie zuvor beschrieben eingenommen. Die Augen sind geschlossen oder Blickdicht abgedeckt. Neben dem Kunden sind zwei Kegel mit einem Abstand von ca. 30cm aufgestellt. Der gehobene Fuß wird in Form einer Acht durch die Kegel geführt, ohne diese zu berühren. Das gehobene Bein ist im Kniegelenk leicht gebeugt und hält die Position durchgängig. Die Bewegungsrichtung wird nach jedem durchlauf wiederholt. Die Übung wird konstant wiederholt.
Linienstand Balance Pad	Als Untergrund dient bei dieser Übung ein Balance Pad. Der Linienstand wird wie zuvor beschrieben auf dem Balance Pad eingenommen und gehalten.
Einbeinstand Balance Pad	Als Untergrund dient bei dieser Übung ein Balance Pad. Der Einbeinstand wird wie zuvor beschrieben auf dem Balance Pad eingenommen und gehalten.
Belastungsparameter	- Häufigkeit pro Woche: 3x pro Woche - Sätze pro Übung: 3 Sätze - Satzpausen: mindestens 45 Sekunden - Belastungsdauer bei statischen Übungen: 5-60 Sekunden - Wiederholungen bei dynamischen Übungen: 5-30 Wiederholungen
Begründung:	Für das Trainingsprogramm gelten die Grundsätze die Chwilkowski (2006, S. 56-58) aufstellt. Das Trainingsprogramm wurde vom leichtem zum komplexen aufgebaut. Es wurde angenommen, dass der Einbeinige-Stand schwerer ist, als der Beidbeinige. Die Eliminierung des Sehsinnes stellt die nächste Stufe dar. Die Veränderung des Untergrundes von stabil zu labil stellt die schwierigste Aufgabe des Trainings dar. Es werden statische Übungen vor dynamischer Ausführung gemacht. Die Bewegungsausführung steht grundsätzlich im Vordergrund im Koordinativen Training. Der Kunde hat keine Vorkenntnisse mit einem reinen Koordinationstraining, von daher wird davon ausgegangen, dass dieser ein Anfänger ist. Die Berufliche Tätigkeit des Kunden lässt keine Schlussfolgerung für eine gute Koordinative Ausbildung zu.

8 Effekte des Dehnens auf die Bewegungsreichweite

Die folgende Tabelle 5 stellt eine Studie zum Thema Effekte des Dehntrainings auf die maximale Bewegungsreichweite dar.

Tabelle 5: Studie: Wie beeinflussen unterschiedliche Dehnintensitäten kurzfristig die Veränderung der Bewegungsreichweite (Eigene Darstellung)

Titel der Studie
Wie beeinflussen unterschiedliche Dehnintensitäten kurzfristig die Veränderung der Bewegungsreichweite?
Autoren
Marschall, F.
Erscheinungsdatum
1999
Fragestellung/Hypothese
Wie wirken sich unterschiedlich intensive Dehnbelastungen der Ischiocruralen Muskulatur auf die maximale Bewegungsreichweite aus (1) und wie verändert sich der Gelenkwinkelbereich innerhalb einer Serie mit wiederholtem Dehnen? (2)
Probandeninformationen
21 Versuchspersonen, 12 männlich und 9 weiblich. Das Alter lag bei 24,8 ± Jahre. Die Größe lag bei 172,9 ±8,5 cm. Das Gewicht lag bei 66,6 ± 11 kg.
Versuchsaufbau der Studien
Die Untersuchung wurde auf einem Tisch, entwickelt von Ott und Schönthaler, durchgeführt. Die Dehnposition wurde über eine elektrische Steuerung mit konstanter Geschwindigkeit von 1,5°/s in der Ischiocruralen Muskulatur eingenommen. Die Dehnposition wurde < 2 Sekunden gehalten. Ein digitaler Drehimpulsgeber hat die Winkelmessung durchgeführt. Die Probanden wurden zufällig in 2 Gruppen (weiches dehnen und maximales dehnen) zugeteilt. Auf einem Fahrradergometer wurde bei 1,5 Watt/kg Körpergewicht ein Aufwärmprogramm durchgeführt. Im Vortest wurde die maximale Dehnposition über eine standardisierte Kniegelenkbeugung durchgeführt. Hierbei wurden 15 aufeinanderfolgende Wiederholungen ausgehend von der Neutral 0°-Position des Hüftgelenks durchgeführt.
Ergebnisse der Studien
Zu (1): Sowohl die maximale Dehnung, als auch die weiche Dehnung sorgten für eine signifikante Verbesserung der Bewegungsreichweite. Die Differenz zwischen Vor- und Nachtest lag bei der maximalen Dehnung bei 7,24 ± 4,19° und bei der weichen Dehnung bei 3,29 ± 4,53°.
Zu (2): Im Verlauf der 15 Wiederholungen wird keine Verschiebung in größere Gelenkwinkelbereiche erreicht. Im Mittel beträgt die Differenz zwischen Ausgangs und Endwert 0,43°.
Schlussfolgerungen
Gezielte Dehnung der Ischiocruralen Muskulatur führt kurzfristig, unabhängig der Intensität, zu einer deutlich erhöhten maximalen Bewegungsreichweite. Im Hinblick auf eine Verbesserung der maximalen Bewegungsreichweite stellt die Dehnung der Zielmuskulatur einen adäquaten praktischen Ansatz

dar. Vor dem Hintergrund der Zielgruppenauswahl muss eine Generalisierbarkeit kritisch hinterfragt werden.

Die folgende Tabelle 6 stellt eine Untersuchung zum Thema Effekte von Dehntraining auf die maximale Bewegungsreichweite dar.

Tabelle 6: Studie: Beweglichkeitseffekte durch exzentrische Belastung und statisches Dehnen (Eigene Darstellung)

Titel der Studie
Beweglichkeitseffekte durch exzentrische Belastung und statisches Dehnen
Autoren
Vetter, S., Marschall, F., Haab, T.
Erscheinungsdatum
2015
Fragestellung/Hypothese
Welchen unmittelbaren Einfluss haben Statisches Dehnen und exzentrische Belastung auf die Bewegungsreichweite bei einer einmaligen Intervention?
Probandeninformationen
11 männliche Versuchspersonen, alle Sportstudierende im Alter von 22 ± 1 Jahren. Größe lag bei 178 ± 7 cm. Das Gewicht lag bei $74,5 \pm 3,5$ kg.
Versuchsaufbau der Studien
Gemessen wurde die Veränderung der Bewegungsreichweite von der ischiocruralen Muskulatur unter den Bedingungen von statischer Dehnung, exzentrischer Belastung und einer Kontrollbedingung. Das Belastungsgefüge zwischen den einzelnen Interventionen war konstant. Die Übungen wurden so ausgesucht, dass punctum fixum in der Hüfte und punctum mobile im Knie Belastungstechnisch gleich waren.
Ergebnisse der Studien
Sowohl das statische Dehnen, als auch die exzentrische Belastung weisen eine signifikante Verbesserung der Bewegungsreichweite auf. Beide Methoden verbessern die Bewegungsreichweite in annähernd gleichen Ausmaß.
Schlussfolgerungen
Da beide Methoden bei einer einmaligen Intervention zu annähernd gleichem Ergebnis führen, kann man die exzentrische Belastung durchaus als praktische Alternative zum statischen Dehnen z.B. innerhalb eines Aufwärm-Programmes sehen. Aufgrund der Auswahl der Probanden ist eine allgemeine Generalisierung kritisch zu hinterfragen.

10 Literaturverzeichnis

Chwilkowski, C. (2006). *Medizinisches Koordinationstraining – Verbesserung der Haltungs- und Bewegungskoordination durch Propriozeption* (2. Aufl). Köln: Deutscher Trainer Verlag.

Glück, S. (2005). *Beeinflussung der Beweglichkeit durch unterschiedliche physische und psychische Einwirkungen.* Dissertation. Universität des Saarlandes, Saarbrücken.

Janda, V. (2000). *Manuelle Muskelfunktionsdiagnostik* (4. Aufl.). München: Urban & Fischer.

Marschall, F. (1999). Wie beeinflussen unterschiedliche Dehnintensitäten kurzfristig die Veränderung der Bewegungsreichweite? *Deutsche Zeitschrift für Sportmedizin, 50 (1)*, 5-9.

Schönthaler, S. R. & Ohlendorf, K. (2002). *Biomechanische und neurophysiologische Veränderungen nach ein- und mehrfach seriellem passiv-statischem Beweglichkeitstraining* (Wissenschaftliche Berichte und Materialien / Bundesinstitut für Sportwissenschaft, 1 Aufl.). Köln: Sport und Buch Strauß.

Vetter, S., Marschall, F. & Haab, T. (2015). *Beweglichkeitseffekte durch exzentrische Belastung und statisches Dehnen.* Saarbrücken: Elsevier

12 Tabellenverzeichnis

12.1 Tabellenverzeichnis

BEI GRIN MACHT SICH IHR WISSEN BEZAHLT

- Wir veröffentlichen Ihre Hausarbeit,
  Bachelor- und Masterarbeit

- Ihr eigenes eBook und Buch -
  weltweit in allen wichtigen Shops

- Verdienen Sie an jedem Verkauf

Jetzt bei www.GRIN.com hochladen
und kostenlos publizieren